Leselotse

2. Lesestufe

HORSELAND

Susanne Noll

Freundschafts-geschichten

Nelson

In neuer Rechtschreibung
Gedruckt auf chlorfrei gebleichtem Papier

Geschichte: Susanne Noll
Grafik: art-design Wolfrath

ISBN 978-3-86885-014-7
Printed in Germany

www.nelson-verlag.de

Inhalt

Pepper verletzt sich

Bald ist es so weit: Auf Horseland
soll wieder einmal das große
Springturnier stattfinden.
Alle sind schon ganz aufgeregt.
Auch Zoey und Pepper kommen
zum Üben auf den Reitplatz.

Die anderen stehen am Gatter und
sehen ihnen beim Springen zu.
„Zoey ist sehr gut“, lobt Sarah.
„Sie wird bestimmt gewinnen.“
„Das glaube ich auch“, sagt Benny.
„Klasse, Zoey, sehr gut gemacht!“,
ruft er quer über den Platz hinweg.
Auch Willi ist sehr zufrieden. „Ihr
macht das wirklich prima, Zoey!“

„Ja, mit Pepper und mir klappt es super“, strahlt Zoey voller Stolz. „Denn wir passen aufeinander auf.“ Plötzlich treibt sie ihre Stute an. „Ich werde gewinnen! Verlasst euch darauf“, verspricht sie übermütig. Staub wirbelt auf, als die beiden ganz dicht am Zaun entlangjagen. Die anderen müssen husten. „Oh, tut mir leid!“, lacht Zoey.

„Das ist überhaupt nicht lustig“, ruft Willi da, „sondern sehr gefährlich! Überhaupt sollte man mit Pferden niemals solche Sachen machen. Ich habe schon gesehen, wie sich Pferde dabei schwer verletzt haben. Sie mussten eingeschläfert werden. Mach das bitte niemals wieder!“

„Eingeschläfert? Ach Willi!“,
versucht Zoey, ihn zu besänftigen.
„Ich bin doch nur herumgaloppiert.
Das machen Pepper und ich oft.“
„Du bist viel zu dicht am Gatter
entlanggeritten“, tadelt Willi streng.
„Pepper hätte sich hierbei verletzen
können, und wir uns natürlich auch.
Du musst vorsichtiger sein, Zoey!
Pepper verlässt sich doch auf dich.“
„Es ist ja nichts passiert“, erwidert
Zoey immer noch lachend.
„Du und ich für alle Zeit, oder?“,
flüstert sie ihrer Stute ins Ohr.
„Komm! Noch eine Runde,
dann gewinnen
wir ganz sicher.“
Schon treibt sie
Pepper wieder an.

Sie fliegen dahin und setzen fast mühelos über das erste Hindernis. Dann reiten sie auf das nächste zu. Und da passiert's: Pepper stolpert. Sie springt nicht hoch genug ab und schlägt mit dem Hinterbein hart an.

Vor Schmerz bleibt Pepper stehen.
Sie hat einen tiefen Riss im Bein.
„Was ist denn, Pepper?“, fragt Zoey.
„Oh Gott, du hast dich böse verletzt!
Jetzt werden sie dich einschläfern!“

Zoey sieht die blutende Wunde, dreht sich um und läuft einfach davon.
„Halt, Zoey!“, ruft Willi ihr nach.
„Pepper braucht dich doch jetzt!“
Zoey kümmert sich nicht darum.

Im Stich gelassen

Am nächsten Morgen besuchen die Freunde die verletzte Stute im Stall. „Du hast großes Glück gehabt und wirst bald wieder gesund, Pepper! Der Arzt meint, wir müssen uns keine Sorgen machen“, sagt Benny sanft. „Also: Kopf hoch, das wird schon!“

„Wir sehen nachher noch einmal nach dir“, meint Sarah aufmunternd. „Und bestimmt kommt gleich auch Zoey und kümmert sich um dich.“ Als sie alle wieder draußen sind, seufzt Pepper aus tiefstem Herzen. „Ja, wenn Zoey nur bald hier wäre! Dann wäre alles halb so schlimm.“ „Sie kommt bestimmt bald“, tröstet Calypso ihre Stallnachbarin.

Stunden später kümmern sich die Freunde draußen um ihre Pferde. Schließlich müssen die ja jeden Tag gestriegelt und versorgt werden. Nur die Zwillinge Chloe und Zoey sind noch nicht auf der Pferderanch. „Wo die beiden Hübschen bloß bleiben?“, wundert sich Benny. „Stimmt! Vor allem Zoey. Wo doch Pepper verletzt ist“, antwortet Alma.

„Ach, seht mal, da kommt Chloe!", ruft Alma und zeigt den Weg hinab. „Aber sie ist allein. Ohne Zoey."

„Wo ist denn deine Schwester?", fragt Benny sie sichtlich erstaunt.

„Keine Ahnung", antwortet Chloe. „Ist sie denn noch nicht hier?"

„Nein! Dabei wäre es jetzt gut, wenn sie bei Pepper wäre", meint Benny.

Chloe zuckt mit den Schultern.
„Ich weiß auch nicht, was sie hat."
Dann versorgt sie ihr Pferd Chili.
Endlich trifft auch Zoey im Stall ein.
„Bist du auch endlich da?", knurrt
Chloe ihre Schwester böse an.
„Ja, und schau mal, was ich mir eben
gekauft habe", flötet Zoey.

„Ein Pferdemagazin. Ich will mir nämlich ein neues Pferd kaufen.“ „Das kannst du doch nicht machen, Zoey“, wendet ihre Schwester ein. „Und ob ich kann!“, zischt Zoey. „Schau mal, ich habe schon ein paar ausgesucht, die mir gefallen.“ Strahlend zeigt sie Chloe die Fotos.

„Ich verstehe dich wirklich nicht."
Kopfschüttelnd sitzt Chloe auf und dreht mit Chili ein paar Runden. Schließlich findet ja in wenigen Tagen das große Springturnier statt. Da kann es nicht schaden, nochmals die einzelnen Sprünge zu üben.
Als sie fertig sind, reiten die beiden über den Hof und erblicken Zoey.

Sie sitzt unter einem Baum und liest immer noch in dem Pferdemagazin. Chloe reitet zu ihrer Schwester und bringt Chili vor ihr zum Stehen.

„Wie kannst du Pepper so hängen lassen, Zoey?“, flüstert sie leise. „Wieso? Nicht ich bin doch an der Stange hängen geblieben“, ruft Zoey.

„Und nicht ich habe mich schwer verletzt!“, fährt sie wütend fort. „Du hast doch gehört, was mit verletzten Pferden geschieht.“ Jetzt nickt Chloe und steigt ab. „Aber Pepper braucht dich jetzt“, versucht sie, Zoey zu erklären. „Ihr gehört doch zusammen und habt so viel miteinander erreicht!“

„Sei still!“, schreit Zoey verzweifelt. „Pepper ist nur ein Pferd, und ich muss vorankommen und gewinnen.“ Dann springt sie auf und läuft weg. Heimlich schleicht sie in den Stall. Als sie zu Pepper hineinschaut, steht ihre Stute mit hängendem Kopf da. „Sie wird also doch sterben“, denkt Zoey und rennt weinend hinaus.

Freunde halten zusammen

Auch am nächsten Morgen sehen die Mädchen als Erstes nach Pepper. Traurig steht die Stute im Stall. Sie vermisst Zoey so sehr, dass sie nicht mehr fressen will.
„Ich mache mir langsam Sorgen“, meint Sarah. „Pepper muss fressen, sonst kann sie nicht gesund werden …

… Aber ich glaube, ich weiß, womit wir sie locken können“, ruft sie. Sie dreht sich um und geht davon. Bald darauf kommt sie mit frischen, saftigen Möhren in den Stall zurück. „Tut mir leid, Scarlet. Die sind nicht für dich“, sagt Sarah liebevoll. „Die sind für Pepper, damit sie ganz schnell wieder gesund wird!“

Im Nu ist der Vormittag vorüber.
Doch Zoey hat sich nicht bei ihrer verletzten Stute blicken lassen.
„Ich verstehe Zoey wirklich nicht“, schimpft Alma laut vor sich hin.
„Gerade hat sie sich ein neues Pferd genommen und reitet mit ihm aus.
Pepper und sie waren ein tolles Paar.
Und jetzt lässt sie sie einfach fallen.
Das ist nicht zu fassen.“

„Ich glaube, ich weiß, was hier los ist“, wirft Sarah da vorsichtig ein. „Heute Morgen im Stall ist mir plötzlich wieder etwas eingefallen. Ich werde einmal mit Zoey reden.“ Sarah sattelt Scarlet und folgt Zoey. Was sie ihr wohl sagen will?

Als sie Zoey endlich eingeholt hat,
fängt sie ganz zaghaft an:
„Ich weiß, was du gerade fühlst.
Aber es ist doch keine Lösung, ein
neues Pferd zu nehmen, Zoey …

… Vor einiger Zeit hatte sich Scarlet auch böse wehgetan“, fährt sie fort. „Ich hatte Angst, sie zu verlieren!“

„Sag du mir nicht, was ich fühle“, fährt Zoey sie da zornig an.

„Ich habe dich auch nicht um deine Meinung gefragt“, schreit Zoey. „Und es geht dich auch überhaupt nichts an, welches Pferd ich reite.“ Verzweifelt wendet sich Zoey ab. Doch Sarah lässt sich nicht beirren. Sie bleibt ruhig und spricht weiter:

„Damals hätte ich aufgeben können.
Aber dann hätte ich so viele schöne
Dinge mit Scarlet verpasst. Auch
Pepper braucht dich jetzt, Zoey, um
wieder gesund zu werden.
Und das wird sie ganz bestimmt.
So schwer ist sie nicht verletzt!"
Dann reitet Sarah zurück zur Ranch.
Als sie außer Sichtweite ist, bricht
Zoey mit einem Mal
in Tränen
aus.
Schniefend
holt sie ein
Foto von
Pepper und
sich aus der
Tasche.
„Ich will nicht,
dass du stirbst!"

Aufgeben zählt nicht!

Pepper geht es immer schlechter. Teilnahmslos liegt sie im Stall. Wenn doch nur Zoey bei ihr wäre! Chef, der Hofhund, schaut vorbei. Ihm reicht es jetzt mit Pepper, die sich anscheinend aufgegeben hat. „Auf, auf, Mädchen! Auf die Beine! Sieh mal, wie gut ich springen kann. Ich kenne noch jemanden, der über jedes Hindernis kommt“, bellt er. „Lass mich in Ruhe!“, knurrt Pepper. „Du siehst doch, dass ich krank bin.“ „Ja, du bist verletzt und fühlst dich im Stich gelassen“, erwidert Chef. „Aber so kann es nicht weitergehen. Sich aufzugeben ist keine Lösung. Also sieh zu, dass du gesund wirst.“

Pepper schnaubt. „Ich werde nicht aufgeben, sondern gleich wütend.“ Mühsam kommt sie auf die Beine. „Na also, es geht doch!“, lobt Chef. Gemeinsam machen sie die ersten Gehversuche draußen auf der Koppel.

„Seht mal, Pepper ist endlich wieder auf den Beinen“, strahlt Willi froh. Erleichtert geht er auf die Stute zu. „Wie schön, dass du dich jetzt doch aufgerappelt hast!“, tätschelt er sie. „Du wirst bald wieder gesund sein.“ Auch Sarah kommt lächelnd dazu. Pepper wartet immer noch auf Zoey.

Da reitet Zoey vor Peppers Augen mit dem neuen Pferd auf den Hof. Sie hält an und sitzt langsam ab. Pepper sieht stumm dabei zu, und auch Willi und Sarah sind sprachlos. Dann geht Zoey auf die drei zu. „Gib mir die Zügel, Sarah!“, bittet sie. „Pepper ist schließlich mein Pferd, und ich nehme sie jetzt wieder.“ Liebevoll streichelt sie ihre Stute.

„Sarah hat mir die Augen geöffnet“, spricht Zoey dann leise weiter. „Ich wollte Pepper nicht verlieren und nicht mitansehen, wie sie stirbt. Deshalb bin ich davongelaufen. Das war falsch, und es tut mir leid. Man darf nicht so schnell aufgeben. Nicht wahr, mein Liebling?“

Nach einer Weile fährt sie fort: „Das habe ich jetzt endlich auch verstanden.“

Alle sind so froh, das zu hören! „Ihr wolltet immer gut aufeinander aufpassen“, erinnert sich Willi. „Ja“, antwortet Zoey, „und das tun wir ab jetzt auch, oder, Pepper?“ Zustimmend nickt Pepper mit dem Kopf und schmiegt sich an Zoey.

2. Lese-stufe

Leselotse Rätsel

Hat dir die Geschichte gefallen?
Dann kannst du bestimmt alle Fragen richtig beantworten.

Wer schimpft mit Zoey?

Benny

Willi

Wer verletzt sich beim Springen?

Button

Pepper

Wer reitet Zoey nach und redet ihr ins Gewissen?

Sarah 

 Alma

Wer bringt Pepper wieder auf die Beine?

Angora

Chef

Lösungen: Willi, Pepper, Sarah, Chef.

Leselotse Reihe

Das komplette Leselotse Programm:

Seepferdchen für erstes Mitlesen ab der Vorschule

ISBN 978-3-86606-441-6

ISBN 978-3-86606-442-3

ISBN 978-3-86606-524-6

ISBN 978-3-86885-012-3

1. Lesestufe für erstes Lesen ab der 1. Klasse

ISBN 978-3-86606-292-4

ISBN 978-3-86606-294-8

ISBN 978-3-86606-293-1

ISBN 978-3-86606-295-5

ISBN 978-3-86606-373-0

ISBN 978-3-86606-371-6

ISBN 978-3-86606-411-9

ISBN 978-3-86606-443-0

ISBN 978-3-86606-525-3

ISBN 978-3-86885-013-0

Lesen macht Laune!

2. Lesestufe für geübtes Lesen ab der 2. Klasse

ISBN 978-3-86606-299-3

ISBN 978-3-86606-297-9

ISBN 978-3-86606-296-2

ISBN 978-3-86606-298-6

ISBN 978-3-86606-372-3

ISBN 978-3-86606-370-9

ISBN 978-3-86606-412-6

ISBN 978-3-86606-446-1

ISBN 978-3-86606-526-0

ISBN 978-3-86885-014-7

3. Lesestufe für fortgeschrittenes Lesen ab der 3. Klasse

ISBN 978-3-86606-301-3

ISBN 978-3-86606-300-6

ISBN 978-3-86606-374-1

ISBN 978-3-86606-375-4

ISBN 978-3-86606-413-3

ISBN 978-3-86606-414-4

ISBN 978-3-86606-444-7

ISBN 978-3-86606-527-7

ISBN 978-3-86885-015-4

ISBN 978-3-86606-303-7

ISBN 978-3-86606-376-8

ISBN 978-3-86606-377-8

ISBN 978-3-86606-415-7

ISBN 978-3-86606-445-4

ISBN 978-3-86606-302-0

Nelson